Inhalt

**Branchenreport CHEMIE & KUNSTSTOFFE
Ausgabe 2/2010**

Kernthesen

Beitrag

Zahlen und Fakten

Weiterführende Literatur

Impressum

GENIOS BranchenWissen Nr. 11/2010 vom 12.11.2010

Branchenreport CHEMIE & KUNSTSTOFFE Ausgabe 2/2010

A.Schneider

Kernthesen

- Das Geschäftsniveau aus der Vorkrisenzeit ist fast wieder erreicht. Für das Gesamtjahr 2010 stellt der Branchenverband eine Steigerung der Produktion um elf Prozent und des Umsatzes um 18 Prozent in Aussicht.
- Die Kapazitätsauslastung lag im zweiten Quartal mit 85,6 Prozent auf einem branchentypischen Normalwert.
- Mit BASF als Weltmarktführer und Bayer als aktueller Nummer vier sind deutsche Konzerne im globalen Chemiegeschäft sehr gut vertreten. Unternehmen aus dem Mittleren Osten und Asien erobern sich im Massengeschäft zunehmend vordere Plätze.

Beitrag

Die Branche im Überblick - Chemiekonjunktur läuft wieder auf Hochtouren

Die Chemieindustrie ist mit rund 145 Milliarden Euro Gesamtumsatz deutscher Unternehmen die viertgrößte Industriebranche in Deutschland (hinter Kraftfahrzeugbau, Maschinenbau und Elektrotechnik), mit rund 414 000 Beschäftigten der sechstgrößter Arbeitgeber (nach Maschinenbau, Elektro-, Autoindustrie, Herstellung von Metallerzeugnissen, Ernährungsindustrie) und der zweitgrößte Investor (nach der Autoindustrie).

Fünfzig Prozent der Produkte liefert die chemische Industrie an Kunden innerhalb der Branche, 30 Prozent verarbeiten andere Industriezweige, 15 Prozent werden direkt vom Verbraucher gekauft und fünf Prozent nimmt der Dienstleistungssektor ab. Größter Kunde der chemischen Industrie sind die Kunststoffverarbeiter vor der Auto-, Verpackungs- und Bauindustrie.

Das geografische Zentrum der deutschen Chemieindustrie liegt am Rhein: In Nordrhein-

Westfalen entsteht ein knappes Drittel des Chemieumsatzes. Es folgen Rheinland-Pfalz, Hessen und Baden-Württemberg. Sachsen-Anhalt ist der wichtigste Standort in den neuen Bundesländern. [Abb. 1] Die chemische Industrie in Ostdeutschland hat sich hinter der Metallindustrie und der Elektrotechnik zum drittgrößten Industriezweig in den neuen Ländern entwickelt. Ihr Anteil an der gesamtdeutschen Wertschöpfung der Branche beträgt heute etwa elf Prozent.

Das Geschäft mit Chemie und Kunststoffen setzt seine Erholung vom Einbruch während der weltweiten Finanz- und Absatzkrise fort. Mit der dynamischen Entwicklung im zweiten Quartal des laufenden Jahres war die Branche sehr zufrieden. Der Branchenverband VCI erwartet zwar, dass die Wachstumsraten der chemischen Industrie im zweiten Halbjahr geringer ausfallen. Für das Gesamtjahr 2010 rechnet er mit einer Steigerung der Produktion um rund elf Prozent. Der Umsatz der Branche dürfte bei weiter anziehenden Preisen um 18 Prozent zulegen.

Der **Umsatz** der deutschen Chemieunternehmen stieg im ersten Halbjahr 2010 gegenüber dem Vorjahr um 16 Prozent auf 77,7 Milliarden Euro. Das Geschäft mit Kunden im Ausland verbesserte sich um 18 Prozent auf 45,9 Milliarden Euro. Der Inlandsumsatz legte um 13 Prozent auf 31,8 Milliarden Euro zu.

Die **Erzeugerpreise** zogen im ersten Halbjahr 2010 um 1,5 Prozent an.

Die **Produktion** konnte um 13 Prozent im Vergleich zum Vorjahreshalbjahr ausgedehnt werden. Dabei gilt es zu berücksichtigen, dass die Produktion in den ersten sechs Monaten 2009 auf ihren Tiefpunkt gefallen war. Insofern hat die deutsche Chemie trotz der recht dynamischen Erholung im ersten Halbjahr das Vorkrisenniveau noch nicht wieder erreicht. Die Kapazitätsauslastung der Produktionsanlagen erreichte aber im zweiten Quartal 2010 mit 85,6 Prozent wieder einen branchentypischen Normalwert. Eine vergleichbare Auslastung konnte die Branche zuletzt im zweiten Quartal 2008 vorweisen. Die Zahl der **Beschäftigten** ging im Verlauf des Jahres 2009 um drei Prozent zurück. Der Abwärtstrend konnte im ersten Halbjahr 2010 gestoppt werden. Die deutsche Chemieindustrie beschäftigte von Januar bis Juni durchschnittlich 414 000 Mitarbeiter. Das sind 1,5 Prozent weniger als ein Jahr zuvor. Die Zahl der Kurzarbeiter konnte auf weniger als 5 000 Personen abgebaut werden. In der Hochphase der Wirtschaftskrise waren es über 48 000 Personen.

Die **Chemieexporte** - dazu gehören neben den Auslandsumsätzen der Chemieunternehmen auch der Verkauf von chemischen Produkten durch andere Branchen sowie Re-Exporte - stiegen im ersten Halbjahr 2010 um zwölf Prozent auf 66,8 Milliarden

Euro. Die größten Zuwächse entfielen dabei auf Asien und Südamerika. Aber auch die europäischen Nachbarländer orderten verstärkt bei den deutschen Chemieproduzenten. Belgien, die Niederlande und Frankreich zählen traditionell zu den größten Abnehmern deutscher Produkte auf dem Kontinent. Die **Importe** konnten ebenfalls zulegen. Mit einem Wert von 47,3 Milliarden Euro lagen sie zur Jahresmitte um rund 15 Prozent über dem Vorjahresniveau.

Die **Sachanlageinvestitionen** werden im Jahr 2010 noch nicht gesteigert werden. Der Branchenverband VCI geht davon aus, dass die Branche in diesem Jahr 6,4 Milliarden Euro in Anlagen und Gebäude im Inland investiert. Die chemische Industrie gab im Jahr 2009 über acht Milliarden Euro für **Forschung und Entwicklung** aus. (1)

Ausgewählte Sparten der Chemieindustrie im Einzelnen

Die einzelnen Sparten entwickelten sich im ersten Halbjahr 2010 fast durchwegs positiv: Die chemischen Grundstoffe konnten am meisten von der Konjunkturerholung profitieren. Die Produktion von anorganischen Grundstoffen und von Petrochemikalien stieg im ersten Halbjahr um jeweils

23,5 Prozent. Noch dynamischer entwickelte sich das Geschäft mit Kunststoffen. Die Polymerproduktion wurde im gleichen Zeitraum um 30 Prozent ausgedehnt. Auch die Hersteller von Fein- und Spezialchemikalien profitierten von einer gestiegenen Nachfrage seitens der industriellen Kunden. Sie dehnten ihre Produktion in der ersten Jahreshälfte um 17,5 Prozent aus. Die Produktion von Wasch- und Körperpflegemitteln stieg um 7 Prozent. Nur das Pharmageschäft lief nicht rund. Die Sparte konnte nicht mehr an ihre hohen Zuwachsraten der Vorjahre anknüpfen. Die Produktion ging im ersten Halbjahr um 0,5 Prozent zurück. (1)

Industriegase: Deutsche Linde will 2010 Rekordgewinn einfahren

Industriegase wie Sauerstoff, Helium, Wasserstoff, Stickstoff oder Kohlendioxid werden u.a. in der industriellen Produktion, in der Chemie und Petrochemie, der Papierindustrie, im Umweltschutz und in der Lebensmittelbranche eingesetzt. Als Wachstumsmärkte gelten der Gesundheitsmarkt, die Elektronik, der Energiemarkt (Fotovoltaik) und der Umweltschutz (Abwasseraufbereitung).

Der Branchenumsatz liegt bei rund sechzig Milliarden Euro. In den Jahren vor der Wirtschaftskrise wuchs die Branche stetig mit einer stabilen Wachstumsrate von durchschnittlich sieben Prozent pro Jahr. Für die

Zukunft wird wieder mit einem Wachstum in dieser Größenordnung gerechnet. Wachstumstreiber sind die Schwellenländer, insbesondere in Asien.

Seit langem liefern sich die deutsche Linde und die französische Air Liquide ein Kopf-an-Kopf-Rennen im Geschäft mit Industriegasen und Anlagenbau. Sie haben jeweils einen Marktanteil von rund 20 Prozent. Derzeit hat Air Liquide die Nase vorn. Das Unternehmen setzte in den Monaten Januar bis Juni 6,5 Milliarden Euro um, was einem Wachstum von 9,7 Prozent entspricht. Das Unternehmen kündigte Steigerungen beim Umsatz und Gewinn für das laufende Jahr an. (2)

Der Münchner Wettbewerber Linde AG stellt für das laufende Jahr einen Rekordgewinn in Aussicht. Anlass gibt es in der Tat: Das Ergebnis nach Steuern sprang im ersten Halbjahr um 76 Prozent auf 483 Millionen Euro. Beim Umsatz läuft es nicht so gut: Mit 6,1 Milliarden Euro für die ersten sechs Monate (plus 11,5 Prozent) liegt Linde hier noch weit unter dem Wert von 12,7 Milliarden aus 2008. International starke Wettbewerber sind die amerikanischen Anbieter Praxair (14 Prozent Marktanteil) und Air Products (13 Prozent Marktanteil). Momentan läuft ein Rennen um die Marktführung. Air Products will den heimischen Rivalen Airgas übernehmen und stockte sein feindliches Übernahmeangebot kürzlich nochmals auf.

Diese vier Unternehmen zusammen kontrollieren mit 67 Prozent Marktanteil den größten Teil des Weltmarktes. Ansonsten gibt es noch kleinere Hersteller, die sich Nischen ausgesucht haben oder nur regional aufgestellt sind (Beispiel für Deutschland: Messer Group GmbH, Sulzbach).

Agrarchemie: Blickt nach der Krise weiter positiv in die Zukunft

Die Agrarchemiehersteller profitieren von der weltweit hohen Nachfrage (insbesondere aus Asien) nach landwirtschaftlichen Produkten. Entsprechend stark entwickelte sich in den vergangenen Jahren das Geschäft der Anbieter von Pflanzenschutzmitteln, Mineraldüngern und Schädlingsbekämpfern. Angesichts der weltweiten wirtschaftlichen Krise konnte das Wachstumstempo 2009 nicht mehr gehalten werden. Die Einbußen waren jedoch weniger stark als in anderen Wirtschaftsbereichen.

Die deutsche Pflanzenschutz-Industrie verzeichnete 2009 leichte Umsatzrückgänge. Nach Angaben des Industrieverbands Agrar e.V. (IVA) erzielten die vierzig zu diesem Verband gehörenden Pflanzenschutz- und Schädlingsbekämpfungsmittelanbieter 2009 einen Nettoinlandsumsatz von knapp 1,3 Milliarden Euro. Gegenüber 2008 entspricht dies einem Rückgang von 8,4 Prozent im Direktgeschäft zwischen Industrie und Großhandel. Die Exporterlöse der

Pflanzenschutzproduzenten fielen im Jahr 2009 um 1,3 Prozent auf etwas unter drei Milliarden Euro. Der Gesamtumsatz fiel um 3,5 Prozent auf gute 4,2 Milliarden Euro. Die Margen im Geschäft mit Pflanzenschutzmitteln sind hoch. Der Markt ist gut abgeschottet.

Nach einem Boom bei Mineraldüngern im Jahr 2008 brach der Absatz 2009 in Folge der Wirtschaftskrise und sinkender Preise auf den Agrarmärkten stark ein. Stickstoff-, Phosphat- und Kalidünger mussten deutliche Einbußen verkraften; nur die Kalkdünger konnten sich behaupten. Dementsprechend sank der Umsatz von fast vier Milliarden Euro im Rekordjahr 2008 auf zwei Milliarden Euro im Jahr 2009. Dies entspricht einem Rückgang von knapp 48 Prozent. Damit ist in etwa wieder das Niveau vor Beginn der Boomphase im Jahr 2006 erreicht, resümiert der Branchenverband IVA. (3)

Langfristig bleibt die Agrochemie eine Wachstumsbranche, da ohne den gezielten Einsatz der Agrarchemie der Bedarf an Lebensmitteln einer steigenden Weltbevölkerung nicht gedeckt werden könne. Die steigende Nachfrage nach Biokraftstoffen führt zu einer zusätzlichen Nachfrage nach Saatgut und Pflanzenschutzmitteln für den Anbau von Energiepflanzen. Die grüne Gentechnik soll neue Wachstumschancen generieren und das klassische Geschäft mit den Pflanzenschutzmitteln absichern.

Die Anbauflächen können kaum noch ausgeweitet werden, daher muss das Wachstum durch kontinuierliche Steigerung der Agrarerträge pro Hektar erzielt werden.

Der Weltmarkt für Pflanzenschutzmittel fiel 2009 um 4,6 Prozent und umfasste rund 27 Milliarden Euro. Die Ursachen für den leichten Umsatzrückgang der Pflanzenschutzindustrie waren der weltweite Nachfragerückgang, der witterungsbedingt sparsamere Einsatz von Betriebsmitteln und der Abbau hoher Lagerbestände. Deutschland belegt mit einem Weltmarktanteil von knapp zehn Prozent international einen Spitzenplatz. Die Exportquote für Pflanzenschutzmittel liegt bei über 60 Prozent.

Weltweit fand seit 1990 ein Konsolidierungsprozess unter den Anbietern statt. Es sind heute global nur noch sechs Unternehmen tätig: Monsanto, Syngenta, Bayer Crop Science, Dupont, BASF und Dow Chemical. Sie machen über achtzig Prozent des weltweiten Umsatzes mit Pflanzenschutzmitteln. [Abb. 2]

Mit dem Geschäftsverlauf im ersten Halbjahr 2010 sind die Hersteller nicht ganz zufrieden. Syngenta und Monsanto bemerken den scharfen Wettbewerb und Preisdruck. Bei Syngenta stagnierte der Halbjahresumsatz im Pflanzenschutz bei fünf Milliarden Dollar. Bei der deutschen Bayer Crop Science setzte sich die schwache Entwicklung des ersten Quartals mit rückläufigen Verkaufsmengen und Preisdruck bei Insektiziden und Fungiziden auch im zweiten Quartal fort.

Körperpflege, Wasch-, Putz- und Reinigungsmittel: Dekorative Kosmetik bleibt im Trend

Das Marktvolumen für Körperpflege-, Wasch-, Putz- und Reinigungsmittel beziffert der Industrieverband Körperpflege- und Waschmittel e.V. (IKW) für 2009 auf knapp 16,9 Milliarden Euro.

Der deutsche Körperpflegemittelmarkt hatte 2009 ein Gesamtvolumen von 12,83 Milliarden Euro, so der Industrieverband Körperpflege- und Waschmittel e.V. (IKW). Der deutsche Kosmetikmarkt ist inzwischen weitgehend gesättigt, zumindest nimmt sich sein Wachstum mit inzwischen nur mehr 1,7 Prozent Zuwachs recht bescheiden aus verglichen mit Wachstumsraten von vierzig Prozent, wie sie momentan in Indien oder Russland erzielt werden.

Die größten Absatzbereiche sind Haarpflege, Hautpflege und dekorative Kosmetik. Die Haarpflege liegt an der Spitze mit 3,05 Milliarden Euro. Die Hautpflege ist seit 2002 weitgehend beständig angewachsen auf 2,97 Milliarden Euro. Die dekorative Kosmetik (wie Maybelline Jade, LOreal Paris, Max Factor, Manhattan, Nivea Beaute) konnte sich 2009 nochmals gut erholen um fast acht Prozent auf 1,44 Milliarden Euro und legte damit das stärkste Wachstum hin. (4)

Das Marktvolumen für Wasch-, Putz- und Reinigungsmittel (Universal- und Spezialwaschmittel, Waschhilfsmittel wie Weichspüler, Waschzusätze, Vorbehandlungs-, Wäschepflege- und Spezialbehandlungsmittel, Geschirrspülmittel, Haushaltsreinigungsmittel, Wohnraumpflegemittel, Lederpflegemittel, Autopflegemittel, Spezialputz-/Pflegemittel) betrug 2009 über vier Milliarden Euro. Der Markt ist weitgehend stabil, er verzeichnet keine großen Veränderungen (Wachstum 2008/2009: plus 3,7 Prozent). Die größten Bereiche sind die Universalwaschmittel (eine Milliarde Euro), die Haushaltsreiniger (712 Millionen Euro) und Geschirrspüler (615 Millionen Euro). (5)

Der weltweite Kosmetikmarkt war in der Wirtschaftskrise nur wenig eingebrochen und wächst nun wieder mit rund vier Prozent. Der Aufschwung der Branche lebt vor allem von der Nachfrage der Kundinnen in Asien und Lateinamerika.

Als Anbieter im Markt vertreten sind zum einen Kosmetikkonzerne (wie LOreal, Beiersdorf) namhafte Konsumgüterkonzerne (wie Henkel, Procter & Gamble, Unilever, Reckitt Benckiser), Spezialchemiehersteller (wie Cognis) und Spezialisten wie die Duft- und Aromahersteller Givaudan und

Symrise. Die Top drei der Anbieter in Sachen Kosmetik sind LOreal, Procter & Gamble und Unilever. Bei Reinigungsutensilien und -geräten konkurrieren vor allem 3M, Procter & Gamble (Swiffer) und die Freudenberg Haushaltsprodukte KG.

Spezialchemie Farben und Lacke: Deutsche Technik im Ausland gefragt

Die deutschen Farbenhersteller und Lackierer rechnen in diesem Jahr wieder mit Wachstum. Bis zum Ende des Jahres 2010 wird die Lack- und Druckfarbenindustrie in Deutschland 2,6 Millionen Tonnen Lack, Farben, Anstrichstoffe und Druckfarben produzieren. Der Umsatz der Branche wird auf 6,4 Milliarden Euro steigen. Diese Zahlen nannte der Verband der deutschen Lack- und Druckfarbenindustrie (VdL) in seinem Herbstgutachten für diesen Industriezweig.

Auch der Außenhandel gewinnt wieder an Fahrt. Für den Lack- und Farbenbereich werden für das laufende Jahr Zuwächse von einem Prozent (Vorjahr minus 10,5 Prozent), bei den Importen Zuwächse um 3,3 Prozent (Vorjahr minus 16,6 Prozent) erwartet. Die Außenhandelsumsätze steigen entsprechend an: um 3,6 Prozent beim Export und um 5,3 Prozent beim Import. (6)

Der weltweite Bedarf an Lacken und Farben ist

rückläufig. 2009 gingen die weltweit verkauften Lackmengen um vier Prozent auf 30,8 Millionen Tonnen zurück. Die Umsätze betrugen 78 Milliarden Euro und fielen damit wieder auf das Niveau von 2006. Der umsatzstärkste Lackmarkt sind die USA, vor China und Japan. Deutschland folgt auf Platz vier. In Europa werden 36 Prozent der weltweit erzeugten Lackmenge verarbeitet. In Asien kommen 35 Prozent zum Einsatz und in Nordamerika 18 Prozent.

Der größte Lackhersteller der Welt ist Akzo Nobel, gefolgt von PPG, DuPont, Sherwin Williams und der BASF Coatings. Insgesamt teilen sich vierzehn internationale Lackfirmen etwa fünfzig Prozent des Weltlackmarktes. Die deutsche Lackindustrie ist mittelständisch geprägt. In rund 250 Unternehmen arbeiten rund 25 000 Beschäftigte.

Die deutsche Forschung und Entwicklung arbeitet intensiv an so genannten intelligenten Lacken, wie beispielsweise kratzfeste Lacke für die Automobilindustrie, spezielle Lacke, die an Flugzeugteilen, dem ICE oder an Brücken Alarmsignale auslösen, wenn es zu einer Materialermüdung kommt oder mechanische Spannungen auftreten. Stark gefragt sind Nanolacke. Sie gelten als Durchbruch in der Beschichtungstechnik. Die Forscher arbeiten daran, neue Nanolacke mit immer noch besseren Funktionen zu entwickeln. Die Hersteller arbeiten auch an Alternativen zum herkömmlichen Nasslack. Im Trend liegen hierbei Beschichtungen, die unter ultraviolettem Licht härten (diese härten sekundenschnell, kratzfest, energiesparend!). Noch visionär ist die Gewinnung von Energie aus dem Sonnenlicht über spezielle Lackbeschichtungen an Wänden, Fassaden oder auf Dächern.

Anbieterstruktur und Marktführer

Die Chemiebranche gilt als stark fragmentiert. Die zehn größten Hersteller der Branche haben weltweit nur einen Umsatzanteil von einem Zehntel. Dies wird durch die seit einigen Jahren anhaltende Konsolidierungsbewegung korrigiert. In Teilsegmenten, etwa bei Industriegasen (Linde, Air Liquide), Pflanzenschutzmitteln (Syngenta, Monsanto) oder Aromastoffen (Givaudin, Firmenich), dominieren bereits einige wenige global agierende Anbieter das Geschehen.

Top 10 Deutschland: Unter den deutschen Chemieherstellern wird die Liste der Top Ten angeführt von BASF S.E., Bayer AG, Henkel KGaA, Evonik und Linde AG. Dahinter liegen Beiersdorf, Lanxess, Wacker Chemie, Altana und Süd-Chemie.

Top 10 International: International liegt die

deutsche BASF mit 50,7 Milliarden Euro Umsatz (2009) an der Spitze. Ebenfalls zur Riege der Top Ten gehören Ineos (GB), Dow Chemical (USA), Bayer (D), Reliance (Indien), Lyondell-Basell (NL), Mitsubishi Chemicals (Japan), Sabic (Saudi-Arabien), Dupont (USA) und Akzo Nobel (NL). (7)

Zu den namhaftesten Anbietern im **Kunststoffgeschäft** zählen die britische Ineos, Lyondell-Basell und - nach der Übernahme des Kunststoffgeschäfts von GE Plastics für fast zwölf Milliarden Dollar - die saudische Sabic Innovative Plastics. Zu den großen deutschen Playern in der internationalen Kunststoffproduktion zählen BASF und Bayer.**BASF**, Ludwigshafen, das deutsche Flaggschiff und Aushängeschild für Chemie und Kunststoffe, erwirtschaftete 2009 mit über 104 000 Beschäftigten einen weltweiten Umsatz von über 50,7 Milliarden Euro (minus 18,6 Prozent) und ein Ergebnis vor Sondereinflüssen (EBIT) von rund 4,9 Milliarden Euro (minus 29,2 Prozent). Für das erste Halbjahr 2010 meldete BASF, dass im Chemiegeschäft in allen Segmenten das Umsatzniveau des Vorjahreszeitraums weit übertroffen wurde. Der Umsatz lag mit 31,7 Milliarden Euro um 28 Prozent über dem außerordentlich schwachen Wert des Vorjahreszeitraums. Das Ergebnis der Betriebstätigkeit vor Sondereinflüssen stieg um 96 Prozent und erreichte 4,16 Milliarden Euro.

BASF setzt seinen Kurs weg von der Massenchemie hin zu den höherwertigen Spezialitäten fort. Mit diesem Ziel erwarb der Konzern 2006 das Degussa-Bauchemiegeschäft von Evonik, dann den amerikanischen Katalysatorenhersteller Engelhard und zuletzt den Schweizer Spezialchemiekonzern Ciba. Ein Drittel des BASF-Umsatzes kommt inzwischen aus der Spezialchemie. Derzeit erwirbt BASF im zweiten Anlauf (der erste Versuch wurde schon 2008 unternommen) den Spezialchemiehersteller Cognis für 3,1 Milliarden Euro inklusive Schulden und Pensionsverpflichtungen. Cognis ist ein führender Hersteller von innovativen Systemlösungen und Produkten auf Basis nachwachsender Rohstoffe für den Ernährungs- und Gesundheitsmarkt sowie für die Kosmetik-, Wasch- und Reinigungsmittelindustrie. Der Kauf unterliegt noch der Zustimmung der zuständigen Behörden, soll aber im November 2010 abgeschlossen sein.

EU und Weltwirtschaft

Der Weltchemiemarkt hatte 2008 ein Volumen von etwa 2,5 Billionen Euro.

Auf Rang eins lag 2008 Asien mit einem Anteil von 35,7 Prozent, auf Rang zwei Europa mit 34,2 Prozent und auf Rang drei NAFTA (USA, Mexiko, Kanada) mit 22,8 Prozent. [Abb. 3]

Von 1997 bis 2007 nahmen die Umsätze in der Branche um rund fünf Prozent pro Jahr zu. In der Wirtschaftskrise 2008/2009 flachte sich das Wachstum ab. Doch inzwischen hat die globale Chemieindustrie die Rezession überwunden und produziert wieder auf Vorkrisenniveau. Im Gesamtjahr 2010 dürfte die globale Chemie gegenüber dem Vorjahr um 7,5 Prozent zulegen. Dabei hat sich die Nachfrage der Schwellenländer Asiens am schnellsten erholt, auch Europa hat die Krise weitgehend überwunden, in den USA dagegen setzt erst allmählich ein Aufschwung ein. In Lateinamerika läuft es besser; in Brasilien liegt die Chemieproduktion bereits wieder höher als vor der Krise. (8)

Es wird erwartet, dass sich die Wachstumsrate bis 2020 wieder abschwächt auf 4,5 Prozent pro Jahr. Die einzelnen Regionen entwickeln sich unterschiedlich. Das mit Abstand stärkste Wachstum weist China auf. China wird voraussichtlich nach 2015 die USA als weltweit größtes Herstellerland chemischer Erzeugnisse ablösen. Die deutschen Konzerne, allen voran Bayer und BASF, bauen ihre Kapazitäten in China stark aus, um am dynamischen Marktwachstum in China und der gesamten Region Fernost/Ozeanien zu partizipieren. Auch im Mittleren Osten expandiert die Chemie. Länder wie Saudi-

Arabien, die Vereinigten Arabischen Emirate, Katar oder Iran investieren ihre Petrodollar in (Petro-)Chemiekapazitäten. Das Wachstum der westeuropäischen Regionen EU und NAFTA hingegen wird in den kommenden Jahren unterdurchschnittlich ausfallen.

Trends

Märkte mit Wachstumspotenzial

Mit einem Sechstel aller Forschungsaufwendungen bildet die Chemiebranche ein wichtiges Standbein für die Innovationskraft der deutschen Industrie. Neue Materialien, Vorprodukte und Problemlösungen für spezifische Anforderungen geben wichtige Impulse für neue Produktlinien und Verfahren in anderen Branchen. Zu den Märkten mit großem Wachstumspotenzial gehören insbesondere alle Produkte und Verfahren zur Steigerung der Energieeffizienz und der Erschließung neuer Energiequellen. Ob Wärmedämmung von Gebäuden, Hightech-Werkstoffe für die Leichtbauweise im Automobil- und Flugzeugbau, Elektromobilität, neue Lichtquellen für die Anzeige- und Beleuchtungstechnik oder extrem belastbare Materialien für die alternative Energieerzeugung aus

Wind und Sonne - in all diesen Bereichen wird das Know-how und die Innovationskraft der Industrie - allen voran die Chemie - in den nächsten Jahrzehnten von entscheidender Bedeutung sein.

Massengeschäft oder Spezialisierung

Die Konsolidierung der Chemiebranche ist im Gange. Die Chemieunternehmen spezialisieren sich, reduzieren die Zahl ihrer Geschäftsfelder, veräußern Unternehmensteile, spalten sich auf und fusionieren neu. Dabei spielt folgende strategische Überlegung eine wichtige Rolle: preisorientiertes Massengeschäft oder kundennahes, hochwertiges Spezialgeschäft. Denn während für Anbieter im chemischen Massengeschäft (rohstoffnahe Petrochemikalien, Massenkunststoffe) ein sicherer Zugang zu günstigen Rohstoffen und Technologiesprünge durch Großanlagen zu den kritischen Erfolgsfaktoren gehören, leben Spezialanbieter hochwertiger Produkte in kleinsten Mengen davon, eine extrem starke Endkundenorientierung konsequent umzusetzen.

Wettbewerber aus dem Nahen und Fernen Osten erobern Weltmarkt

Auf der Weltrangliste der Chemie- und Kunststoffhersteller haben sich Ölgiganten und neue Wettbewerber aus dem Nahen Osten und Asien bemerkenswerte vordere Plätze erobert. Das beste Beispiel ist der saudi-arabische Hersteller Sabic. Innerhalb von drei Jahrzehnten entstand einer der größten Petrochemiehersteller der Welt mit zuletzt rund 28 Milliarden Dollar Umsatz, 33 000 Mitarbeitern und der höchsten Börsenbewertung in der Chemiebranche. Und künftig will sich Sabic nicht auf einfache Grundstoffe und billiges Plastik festlegen lassen, sondern in die Spezialchemie hineinwachsen. Andere Beispiele für erstaunliche Karrieren in der Chemieindustrie sind das indische Unternehmen Reliance und der chinesische Hersteller China Petroleum & Chemical (Sinopec). (9)

Die Vorteile dieser Wettbewerber sind niedrigere Löhne und damit Herstellungskosten, geringere Umweltauflagen und hoher Bedarf in ihren Heimatmärkten, sowie vor allem ihr günstiger Zugang zu Rohstoffen. Im Mittleren Osten sind Anlagen zur Herstellung von Basis-Chemikalien gebaut worden oder geplant, die den Kapazitäten von ganz Europa entsprechen. Mittelfristig droht den europäischen Anbietern ein gewaltiger Wettbewerbsdruck.

Die deutschen Chemie- und Kunststoffhersteller wappnen sich gegen den verstärkten Wettbewerb mit

Unternehmensübernahmen und den Aufbau von Produktionskapazitäten in den Zukunftsmärkten. In der Spezialchemie liegt die Chance für die westlichen Anbieter. Sie setzt auf anspruchsvolle Technologien und hohe Qualität, kundennahe Innovationen durch kundenorientierte Forschung & Entwicklung. Wichtig sind auch eine konsequente Verbesserung in operativen Bereichen sowie ein effizienter Umgang mit Energie und knappen Rohstoffen.

Zahlen & Fakten

Abbildung 1:

Nordrhein-Westfalen ist Deutschlands Chemieregion Nummer eins

Chemieindustrie: Umsatzanteile der Bundesländer
2009

Bundesland	Anteil am Chemieumsatz in Prozent
Nordrhein-Westfalen	31,8
Rheinland-Pfalz	14,2
Hessen	12,5
Baden-Württemberg	10,4

Bayern	9,5
Niedersachsen	5,9
Sachsen-Anhalt	3,9
Berlin	3,2
Schleswig-Holstein	3,0
Sachsen	1,9
Brandenburg	1,2
Thüringen	0,8
Hamburg	0,8
Mecklenburg-Vorpommern	0,6
Saarland	0,2
Bremen	0,1
Gesamt	100

Quelle: Statistisches Bundesamt (Destatis), Verband der Chemischen Industrie (VCI)

Entnommen aus: VCI, Chemiewirtschaft in Zahlen 2009, S. 41

Abbildung 2:

Nur wenige Global Player in der Agrochemie

Top Hersteller
von
Agrochemie-

Produkten nach Umsatz und Ergebnis 2009

Unternehmen	Umsatz in Millionen Euro	Veränderung in Prozent	Ergebnis in Millionen Euro	Veränderung in Prozent
Monsanto *	5.411	13,9	1.960	17,0
Syngenta	5.004	4,9	1.322	1,9
Dupont **	4.267	20,4	1.077	27,7
Bayer	3.972	5,0	913	2,5
BASF	2.320	10,2	706	13,5
Dow Chemical	2.004	13,8	375	-19,9

* Sechs Monate bis 31. Mai.

** Bereich Agrochemie und Ernährung.

Zeitraum: Erstes Halbjahr 2009.

Quelle: Unternehmensangaben

Entnommen aus: Handelsblatt, 18.09.2009

Abbildung 3:

Chemie weltweit

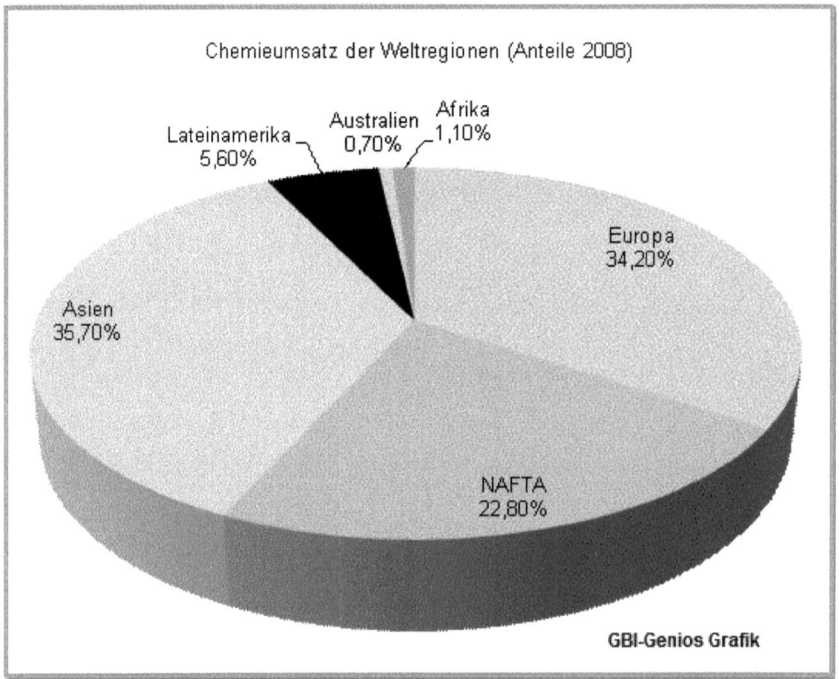

Quelle: Verband der Chemischen Industrie (VCI)Entnommen aus: Chemiewirtschaft in Zahlen 2009, S. 104/105, www.vci.de

Weiterführende Literatur

(1) Ausführungen von Herrn Professor Dr. Ulrich Lehner, Präsident des Verbandes der Chemischen

Industrie (VCI), am 7. Juli 2010 vor der Presse in Frankfurt vom 07.07.2010
aus Frankfurter Allgemeine Zeitung, 24.09.2010, Nr. 222, S. 20

(2) Linde setzt zu neuen Ergebnisrekorden an
aus Frankfurter Allgemeine Zeitung, 03.08.2010, Nr. 177, S. 13

(3) Jahrespressekonferenz 2010 / IVA: Agrochemie trotz Einbußen krisenfest
aus Frankfurter Allgemeine Zeitung, 03.08.2010, Nr. 177, S. 13

(4) Marktdaten Körperpflegemittel von Dezember 2009
aus Frankfurter Allgemeine Zeitung, 03.08.2010, Nr. 177, S. 13

(5) Marktdaten Wasch-, Putz- und Reinigungsmittel von Dezember 2009
aus Frankfurter Allgemeine Zeitung, 03.08.2010, Nr. 177, S. 13

(6) Lack- und Druckfarbenindustrie: Jenseits der Krise vom 17.08.2010
aus Frankfurter Allgemeine Zeitung, 03.08.2010, Nr. 177, S. 13

(7) D, International: Top große Chemieunternehmen nach Umsatz 2009
aus Frankfurter Allgemeine Zeitung, 30.04.2010, S. 21

(8) Die Chemieindustrie bleibt weltweit auf Erholungskurs
aus CHEManager 18/2010

(9) Klammheimlich an die Weltspitze
aus Die ZEIT Nr. 44 vom 28.10.2010 Seite 030

Impressum

Branchenreport CHEMIE & KUNSTSTOFFE Ausgabe 2/2010

Bibliografische Information der deutschen Nationalbibliothek

Die Deutsche Nationalbibliothek verzeichnet diese Publikation in der deutschen Nationalbibliografie; detaillierte bibliografische Daten sind im Internet über http://dnb.d-nb.de abrufbar.

ISBN: 978-3-7379-1870-1

© 2015 GBI-Genios Deutsche Wirtschaftsdatenbank GmbH, Freischützstraße 96, 81927 München, www.genios.de

Alle Rechte vorbehalten. Dieses Werk ist einschließlich aller seiner Teile – z.B. Texte, Tabellen und Grafiken - urheberrechtlich geschützt. Jede Verwertung außerhalb der Grenzen des Urheberrechtsgesetzes bedarf der vorherigen Zustimmung des Verlags. Dies gilt insbesondere auch für auszugsweise Nachdrucke, fotomechanische Vervielfältigungen (Fotokopie/Mikroskopie), Übersetzungen, Auswertungen durch Datenbanken oder ähnliche Einrichtungen und die Einspeicherung und Verarbeitung in elektronischen Systemen.